Wprowadzenie

W hinduizmie boskie istoty ucieleśniają różne aspekty egzystencji, z których każda reprezentuje unikalną kosmiczną funkcję lub naturalną siłę. Bóstwa te są często przedstawiane z wieloma ramionami, co symbolizuje ich ogromną moc i zdolność do radzenia sobie z wieloma obowiązkami jednocześnie.

Niektóre z nich znane są z roli stwórców i podtrzymywaczy, nadzorujących narodziny i utrzymanie wszechświata. Inni przyjmują rolę niszczycieli lub transformatorów, zapewniając cykliczną naturę życia, śmierci i odrodzenia.

Mądrość, nauka i sztuka znajdują się pod patronatem jednego z nich, który często kojarzony jest z płynącymi rzekami i czystością. Inny jest uosobieniem dobrobytu i obfitości, często przedstawianym w klejnotach i otoczonym symbolami bogactwa. Wśród tych bóstw są zaciekli obrońcy sprawiedliwości i prawości, znani ze swojej siły i wojowniczych atrybutów. Niektóre postacie znane są również z głębokiego współczucia, oferując zbawienie i uwolnienie z cyklu reinkarnacji.

Symbolika zwierząt odgrywa kluczową rolę, a niektórzy bogowie i boginie są kojarzeni z określonymi zwierzętami, które działają jako ich pojazdy lub towarzysze. Razem te boskie istoty oferują wyznawcom sposób na połączenie się ze światem duchowym, odzwierciedlając bogatą różnorodność życia i kosmosu.

Agni

Agni, hinduski bóg ognia, uosabia transformującą moc płomieni i jest czczony za swoją rolę zarówno w oczyszczaniu, jak i niszczeniu. Jako kluczowe bóstwo w rytuałach wedyjskich, Agni działa jako posłaniec między ludźmi a bogami, niosąc ofiary z królestwa śmiertelników do boskości.

Często przedstawiany jest z czerwoną skórą i wieloma ramionami, trzymając płomienie i inne symboliczne przedmioty. Symbolizując światło, energię i ciepło, Agni jest uważany za znaczącą siłę w porządku kosmicznym i jest przywoływany w celu uzyskania błogosławieństw, ochrony i wskazówek. Jego obecność w mitologii hinduskiej przeplata się z opowieściami o stworzeniu, poświęceniu i odnowie, podkreślając dwoistą naturę ognia, zarówno destrukcyjną, jak i życiodajną.

Czciciele uważają Agni za potężne bóstwo zdolne zarówno do oczyszczania grzechów, jak i udzielania dobrodziejstw, służąc jako symbol transformacji, odnowy i boskiej interwencji w hinduskich praktykach duchowych.

Brahma

Brahma jest ważnym bóstwem w hinduizmie, często określanym jako stwórca wszechświata. Jest jednym z Trimurti, wraz z Wisznu i Śiwą, reprezentując odpowiednio aspekty stworzenia, zachowania i zniszczenia.

Brahma jest przedstawiany z czterema głowami, symbolizującymi jego ogromną wiedzę i mądrość, oraz czterema ramionami, reprezentującymi cztery Wedy.

Pomimo jego statusu jako głównego bóstwa, kult Brahmy jest mniej powszechny we współczesnym hinduizmie w porównaniu do Wisznu i Śiwy.

Durga

Durga jest potężną boginią znaną ze swojej siły, odwagi i zaciekłej natury. Przedstawiana jest jako wojownicza bogini, często ujeżdżająca lwa i dzierżąca broń w wielu ramionach.

Uważa się, że Durga została stworzona przez bogów, aby pokonać demona bawołu Mahishasurę, symbolizując triumf dobra nad złem. Uosabia kobiecą energię i jest czczona jako boska matka, zapewniająca ochronę i przewodnictwo swoim wielbicielom.

Durga jest czczona podczas festiwalu Navaratri, gdzie honorowane są jej różne formy i atrybuty. Reprezentuje niezachwianą determinację, by stawić czoła wyzwaniom i pokonać przeszkody, co oznacza wzmocnienie i transformację.

Ganeśa

Ganeśa jest powszechnie czczonym bóstwem znanym jako usuwający przeszkody i bóg początków. Przedstawiany jest jako postać z głową słonia i zaokrąglonym, brzuchatym ciałem.

Ganeśa jest często przedstawiany z wieloma ramionami, trzymając różne symboliczne przedmioty, takie jak kwiat lotosu, topór lub modak (słodki przysmak). Jest również przedstawiany na myszy, swoim boskim pojeździe. Ganeśa jest czczony za swoją mądrość, intelekt i zdolność do pokonywania wyzwań. Jest czczony przed podjęciem jakiegokolwiek nowego przedsięwzięcia lub dążeniem do sukcesu w różnych aspektach życia.

Ganeśa jest wysoko ceniony w hinduizmie i jest obchodzony podczas festiwalu Ganesh Chaturthi, gdzie jego idole są misternie dekorowane i czczone przez wielbicieli.

Hanuman

Hanuman jest ukochanym bóstwem znanym z niezachwianego oddania i niezrównanej siły. Przedstawiany jest z twarzą małpy i muskularnym ciałem, często w czerwonawym odcieniu.

Hanuman jest czczony jako uosobienie lojalności, odwagi i bezinteresowności. Odegrał kluczową rolę w eposie Ramajana, gdzie pomógł Panu Ramie w jego misji uratowania żony, Sity, przed królem demonów Rawaną.

Hanuman posiada niezwykłe moce i jest uważany za bóstwo patronujące zapaśnikom, sportowcom i tym, którzy szukają siły i ochrony przed przeszkodami. Jest czczony z wielką czcią i oddaniem, szczególnie we wtorki, a jego popularna pieśń „Jai Hanuman" jest recytowana przez jego wielbicieli jako sposób na uzyskanie jego błogosławieństw i przewodnictwa.

Kryszna

Kryszna jest głównym bóstwem czczonym ze względu na swoje boskie piękno, urok i rolę ósmego awatara Pana Wisznu. Przedstawiany jest jako niebieskoskóra postać z uśmiechniętą twarzą i ozdobiony pawimi piórami we włosach.

Kryszna jest zwykle przedstawiany grający na flecie, co symbolizuje jego miłość do muzyki i zdolność do oczarowywania innych. Znany jest ze swoich psotnych wybryków w dzieciństwie i swoich nauk w eposie Mahabharata, gdzie przekazuje głęboką mądrość i wgląd swojemu uczniowi, Arjunie, w formie Bhagavad Gity.

Kryszna jest czczony jako Istota Najwyższa, przynosząca miłość, radość i szczęście, i jest powszechnie czczony za swoją boską zabawę, współczucie i wskazówki dotyczące prowadzenia prawego życia. Jego wielbiciele obchodzą festiwale takie jak Janmashtami i Holi z wielkim entuzjazmem i oddaniem.

Kurma

Jako drugi awatar Pana Wisznu, Kurma przyjmuje postać gigantycznego żółwia, aby utrzymać ciężar góry Mandara podczas przewracania oceanu przez bogów i demony.

To epickie wydarzenie, znane jako Samudra Manthan, ma na celu odzyskanie eliksiru nieśmiertelności. Symbolizując stabilność i wytrzymałość, Kurma służy jako podstawa do stworzenia wszechświata i reprezentuje znaczenie równowagi i cierpliwości w życiu.

Kurma jest często przedstawiany jako majestatyczny żółw z boską aurą i jest czczony za swoją rolę w kształtowaniu świata i utrzymywaniu kosmicznego porządku.

Lakszmi

Lakszmi, hinduska bogini bogactwa, dobrobytu i fortuny, jest jednym z najbardziej szanowanych i czczonych bóstw w mitologii indyjskiej. Uważana za małżonkę Pana Wisznu, Lakszmi jest przedstawiana jako piękna i pomyślna bogini z czterema ramionami, często trzymająca kwiaty lotosu i inne symbole obfitości.

Jest kojarzona z ideą materialnego i duchowego bogactwa, a także płodności i powodzenia. Czciciele szukają jej błogosławieństw, aby osiągnąć dobrobyt finansowy, sukces i ogólny dobrobyt w swoim życiu.

Lakszmi jest czczona podczas festiwalu Diwali, gdzie uważa się, że jej obecność przynosi radość i dobrobyt w domach i firmach. Jako bóstwo reprezentujące obfitość, Lakszmi uosabia ideały dobrobytu, hojności i rozwoju duchowego.

Kali

Kali jest przerażającą i potężną boginią w mitologii hinduskiej. Często przedstawiana jest jako ciemnoskóra postać z dzikimi włosami, wystającym językiem i girlandą z ludzkich głów.

Kali jest ucieleśnieniem wolności, zniszczenia i czasu. Jest niszczycielką sił zła i często kojarzona jest ze śmiercią i transformacją. Pomimo swojego przerażającego wyglądu, Kali reprezentuje również matczyną miłość i ochronę, szczególnie wobec swoich wielbicieli.
Jest czczona za jej zdolność do wyzwolenia, mądrości i duchowego przebudzenia.

Kali jest często przywoływana w czasach kryzysu lub gdy ktoś stara się pokonać przeszkody, ponieważ uważa się, że jej energia jest gwałtowna i transformująca. Jest złożonym i wieloaspektowym bóstwem, uosabiającym zarówno destrukcyjne, jak i pielęgnujące aspekty boskiej kobiecości.

Narasinha

Narasinha to ważne bóstwo w mitologii hinduskiej, które jest połączeniem zarówno ludzkiej, jak i zwierzęcej formy. W swojej postaci ma głowę lwa i ciało człowieka.

Narasinha jest uważany za czwarte wcielenie Pana Wisznu i symbolizuje boską ochronę i sprawiedliwość. Jest często czczony za swoją odwagę i zdolność do niszczenia sił zła.

Narasinha jest znany ze swojej zaciekłości, ponieważ pokonał króla demonów Hiranyakashipu, który powodował chaos i dręczył świat. Wielbiciele szukają jego błogosławieństw, aby pokonać przeszkody, strach i doświadczyć boskiej ochrony i wyzwolenia.

Narasinha jest czczony podczas festiwalu Narasinha Jayanti, gdzie jego wielbiciele ofiarowują modlitwy i wykonują rytuały, aby uhonorować jego boską obecność.

Nataradźa

Nataradźa jest ważnym bóstwem w mitologii hinduistycznej, reprezentującym Pana Śiwę w jego kosmicznej formie tańca. Imię Nataradźa tłumaczy się jako „Król Tańca" i jest on przedstawiany z wieloma rękami i nogami, otoczony pierścieniem ognia. Balansując na jednej nodze, wykonuje Tandavę, energiczny i dynamiczny taniec, który symbolizuje ciągły cykl tworzenia, zachowania i niszczenia we wszechświecie.

Uważa się, że taniec Nataradży utrzymuje kosmiczny porządek i rytm życia. Jego prawa górna ręka trzyma bęben, symbolizujący dźwięk tworzenia, podczas gdy lewa górna ręka trzyma płomień, reprezentujący zniszczenie.

Nataradźa jest również przedstawiany z uniesioną stopą, triumfalnie miażdżąc ignorancję i iluzję. Jego wizerunek służy jako potężne przypomnienie harmonijnej gry między zniszczeniem a stworzeniem, a także wiecznej natury istnienia. Wielbiciele często czczą Nataraję w poszukiwaniu inspiracji, duchowego oświecenia i transformacji poprzez symbolikę jego boskiego tańca.

Rama

Rama jest czczonym bóstwem, uznawanym za siódmą awatarę Pana Wisznu. Przedstawiany jest jako idealny król, oddany mąż i posłuszny syn.

Rama jest znany ze swoich niezachwianych wartości moralnych, prawości i zaangażowania w utrzymanie dharmy (prawości). Często przedstawiany jest z łukiem i strzałami, symbolizującymi jego umiejętności jako wojownika.

Epicka podróż Ramy, przedstawiona w hinduskiej księdze Ramajana, to opowieść o triumfie nad przeciwnościami losu i ostatecznym zwycięstwie dobra nad złem. Jego wygnanie, uratowanie żony Sity przed królem demonów Rawaną i ostateczny powrót do Ajodhyi jako prawowity władca to ważne rozdziały jego życia.

Rama pozostaje ucieleśnieniem odwagi, honoru i cnoty, a wielbiciele czczą go jako wcielenie boskiej świadomości i źródło inspiracji do prowadzenia prawego życia.

Saraswati

Saraswati jest czczoną boginią w mitologii hinduskiej, znaną jako ucieleśnienie wiedzy, mądrości, kreatywności i sztuki. Często przedstawiana jest jako piękne i pogodne bóstwo, ubrane na biało, symbolizujące czystość i oświecenie.

Saraswati jest przedstawiana grająca na weenie, strunowym instrumencie muzycznym, oznaczającym harmonijne połączenie sztuki i intelektu. Widać ją również trzymającą książkę, reprezentującą Wedy, starożytne pisma wiedzy.

Saraswati jest czczona przez studentów, uczonych i artystów szukających jej błogosławieństw dla mądrości i inspiracji. Uważa się, że jako bogini nauki prowadzi i oświeca tych, którzy poświęcają się pogoni za wiedzą, edukacją i sztuką.

Obecność Saraswati jest postrzegana jako integralna siła w sferze kreatywności i rozwoju intelektualnego, a jej błogosławieństwa są poszukiwane podczas ważnych wydarzeń akademickich i kulturalnych.

Śakti

Śakti jest potężną i boską siłą, często uosabianą jako energia lub żeński aspekt Najwyższej Istoty, Brahmana. Znana również jako Devi lub Wielka Bogini, Śakti jest twórczą i pielęgnującą esencją, która przenika wszechświat.

Jest przedstawiana w różnych formach i przejawach, takich jak Durga, Kali, Lakshmi i Saraswati, z których każda reprezentuje różne aspekty jej mocy. Śakti jest zarówno łagodna, jak i zaciekła, uosabiając cechy współczucia, siły i ochrony. Jest czczona przez wielbicieli poszukujących wzmocnienia, transformacji i wyzwolenia.

Śakti jest czczona jako źródło wszelkiej energii, siła napędowa stworzenia i katalizator duchowego przebudzenia. Jej obecność i błogosławieństwa są przywoływane w rytuałach, ceremoniach i modlitwach mających na celu wykorzystanie jej transformującej mocy i zjednoczenie się z uniwersalną energią.

Śiwa

Śiwa jest jednym z najpotężniejszych i najważniejszych bóstw w mitologii hinduskiej. Często określany jako Niszczyciel lub Transformator, Śiwa jest częścią świętej trójcy hinduskich bogów, wraz z Brahmą i Wisznu. Jest czczony jako Istota Najwyższa, reprezentująca zarówno męskie, jak i żeńskie cechy tworzenia i niszczenia.

Śiwa przedstawiany jest jako jogin, zwykle pogrążony w głębokiej medytacji lub w swojej zaciekłej formie znanej jako Nataraja, Pan Tańca. Na głowie ma półksiężyc, symbolizujący cykl czasu, a na szyi nosi węża, reprezentującego jego kontrolę nad ego i pożądaniem.

Śiwa jest związany z górą Kailash, gdzie według wierzeń przebywa ze swoją małżonką, boginią Parvati. Czciciele Śiwy szukają jego błogosławieństw dla duchowego przebudzenia, wyzwolenia i ochrony. Znany jest ze swojej głębokiej mądrości, oderwania od doczesnych przywiązań i roli przewodnika dla poszukujących na ścieżce do duchowego oświecenia.